- HERGÉ -

ANTURIAETHAU T

PERDLYSAU CASTAFIORE

ADDASIAD
DAFYDD JONES

DALEN

dalenllyfrau.com

Tintin: Perdlysau Castafiore yw un o nifer o lyfrau straeon stribed gorau'r byd sy'n cael eu cyhoeddi gan Dalen yn Gymraeg ar gyfer darllenwyr o bob oed. I gael gwybod mwy am ein llyfrau, cliciwch ar ein gwefan **dalenllyfrau.com**

Tintin o gwmpas y Byd

Affricaneg Human & Rousseau
Almaeneg Carlsen Verlag
Arabeg Elias Modern Publishing House
Armeneg Éditions Sigest
Asameg Chhaya Prakashani
Bengaleg Ananda Publishers
Catalaneg Juventud
Cernyweg Dalen Kernow
Corëeg Sol Publishing
Creoleg Caraïbeeditions
Creoleg (Réunion) Epsilon Éditions
Croateg Algoritam
Cymraeg Dalen (Llyfrau)
Daneg Cobolt
Eidaleg RCS Libri
Estoneg Tänapäev
Ffinneg Otava
Ffrangeg Casterman
Gaeleg Dalen Alba
Groeg Mamouthcomix
Gwyddeleg Dalen Éireann
Hindi Om Books
Hwngareg Egmont Hungary
Indoneseg PT Gramedia Pustaka Utama
Isalmaeneg Casterman

Islandeg Forlagið
Latfieg Zvaigzne ABC
Lithwaneg Alma Littera
Norwyeg Egmont Serieforlaget
Portiwgaleg Edições ASA
Portiwgaleg (Brasil) Companhia das Letras
Pwyleg Egmont Polska
Rwmaneg Editura M.M. Europe
Rwsieg Atticus Publishers
Saesneg Egmont UK
Saesneg (UDA) Little, Brown & Co (Hachette Books)
Sbaeneg Juventud
Serbeg Media II D.O.O.
Sgoteg Dalen Alba
Siapanaeg Fukuinkan Shoten Publishers
Slofeneg Učila International
Swedeg Bonnier Carlsen
Thai Nation Egmont Edutainment
Tsieceg Albatros
Tsieinëeg (Cymhleth) (Hong Kong) The Commercial Press
Tsieinëeg (Cymhleth) (Taiwan) Commonwealth Magazines
Tsieinëeg (Syml) China Children's Press & Publication Group
Twrceg Inkilâp Kitabevi

Cyhoeddir Tintin hefyd mewn nifer o dafodieithoedd

Les Bijoux de la Castafiore
Hawlfraint © Casterman 1963
Hawlfraint © y testun Cymraeg gan Dalen (Llyfrau) Cyf 2016

Cyhoeddwyd yn unol â chytundeb ag Éditions Casterman
Cyhoeddwyd yn gyntaf yn 2016 gan Dalen (Llyfrau) Cyf, Glandŵr, Tresaith, Ceredigion SA43 2JH
Mae Dalen yn cydnabod cefnogaeth ariannol Cyngor Llyfrau Cymru
ISBN 978-1-906587-68-0

Argraffwyd ym Lithwania gan Standartų Spaustuvė

PERDLYSAU CASTAFIORE

"Mai yn dduw ym min y ddôl,
a Mai'n dwyn y nyth ar y llwyn,
a throell y wennol..."

"Y Mai a'i arogl mirain,
pan fo'r deilos dros y drain...
a'i flodau mwynion fel ôd y mynydd,
ac wynned ag oen ar gnwd y gweunydd..."

"Mirain" neu "milain" ddwedoch chi? Rwy'n clywed arogl rhywbeth milain iawn...

Ti'n iawn!... drewdod!

A 'sdim rhyfedd! 'Shgwl ar y domen draw fan 'na - ma' pobun yn yr ardal yn pentyrru eu sbwriel a'i gladdu fe fan hyn!

A gredet ti fyth fod rhai pobol yn cael eu denu i fyw drws nesa i shwd fochyndra... Anghredadwy!

Sipsiwn Romani!

Rhaid eu bo nhw'n byw bywyde afiach, myn diain i...

Hei, clywch... Sŵn plentyn yn crio...

BŴ-HŴ!

Merch fach y sipsiwn...

BŴ-HŴ-HŴ!

Rhaid ei bod hi wedi crwydro i ffwrdd o'r gwersyll...

Helo! Beth sy? Pam wyt ti'n crio? Wyt ti ar goll?

?

Paid bod ag ofn... Beth yw dy enw di? Tintin ydw i. Pwy wyt ti?

Ti 'di colli dy dafod?

Mawredd y moroedd, ferch! Dere, smo ni'n mynd i gnoi...

Gan bwyll, Capten...

Hi-i-iii!

AAWW!

HANGGG!

Mawredd mynyddoedd y moroedd mawr!

Y gnawes fach, aros di nes 'mod i'n dy ddala di!

'Shgwl beth ma'r groten fach ewn wedi neud... Mae 'di tynnu gwaed!

Wel, odi, ond fe haloch chi ofn arni.

WOWOW! WOWOW!

Be sy 'di digwydd nawr?

?

WOWOW! WOWOW!

O druan bach...

Druan bach?!

WOWOW! WOWOW!

Daro! Mae hi 'di cwympo ar ôl dal ei throed yn y mieri, a tharo'i phen wrth fôn y goeden...

Dwyt ti heb gael dolur, wyt ti? Does dim ôl gwaed, ond bydd 'da ti lwmpyn ar dy dalcen cyn hir.

Y mwnci bach...

Wir, does dim angen i ti fod ag ofn... Dere, fe awn ni â ti nôl at dy fam... Wyt ti'n gallu codi?

FFALABALAM!

Ti'n iawn?

Ac ymhen dim o dro...

Mama!

Eldorai!

I feddwl fod pobol yn byw yng nghanol shwd fochyndra!

Ie...

Shwd ŷch chi i gyd!

Fe ddaethon ni o hyd iddi'n crwydro ar goll yn y coed... Fi'n credu gath hi damed bach o ofan pan welodd hi ni, a rhedeg bant... Wedyn fe gwympodd hi a tharo'i phen wrth fôn coeden, a'r peth calla ôdd dod ag hi adre.

Rydych chi'n ŵr da - dyrwch geiniog arian i'm cledr ac mi wna i adrodd eich ffortiwn!

E? Jiw jiw, gadewch eich cleme!

Ym, er mwyn tawelwch meddwl, falle dylsech chi fynd â'r ferch fach i weld y meddyg...

Meddyg! Rydych chi'n dychmygu fod gyda ni arian i dalu am feddyg?

Ŵr da, gadewch i mi adrodd eich ffortiwn... Dyrwch geiniog arian i'm cledr ac...

Hei, gadewch lonydd i fi, fenyw!

ŴŴŴŴŴ!

Be sy'n bod? Gwedwch glou!

Digofaint!

Wel i myn cacen i! Ac fe ddweda i eich ffortiwn chi 'fyd!

Rhaid gochel... rhag tramgwydd a ddaw i'ch rhan... rwy'n eich gweld yn cael eich olwyno mewn cerbyd... ŵŵŵ! A dyma ddieithryn disglair yn nesáu atoch, yn dlysau cain i gyd, ac ... ŵŵŵ!... Trychineb ofnadwy...

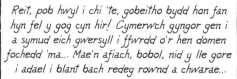

Ie? Ie?

Drylliwyd y tlysau... y cyfan yn ofer! Lladrad a digofaint... Dyrwch geiniog arian i'm cledr ac fe ddatgelaf y cyfan...

Na, na, fe gewch chi ollwng fy llaw nawr!

Ceiniog arian, dyna'r oll... Fel arall, fe ddaw digofaint i'ch rhan, bydd y tlysau'n diflannu...

Sef yn gwmws beth wi'n neud! 'Na ddigon o rwdlan am heddi.

Reit, pob hwyl i chi 'te, gobeitho bydd hon fan hyn fel y gog cyn hir! Cymerwch gyngor gen i a symud eich gwersyll i ffwrdd o'r hen domen fochedd 'ma... Mae'n afiach, bobol, nid y lle gore i adael i blant bach redeg rownd a chwarae...

Rydych chi'n dychmygu ein bod yma o ddewis? Rydych chi'n dychmygu ein bod yn mwynhau byw wrth y budreddi yma?

Ond...

Taw, Abram, gad i mi siarad efo'r gajo.

Beth yw "gajo"?

Gajo ydy'r sawl nad yw'n perthyn i'r Romani... Clywch, mae yna ŵr claf yn ein plith, a dyma'r unig fan wnaeth yr heddlu ganiatáu i ni aros ynddo gyda'r carafannau – dyna pam mae ein gwersyll drws nesa i'r domen.

O, rwy'n gweld...

Wel, er mwyn picls Porthcawl, mae'n warth fod rhaid i chi wersylla fan hyn!... Mae un o'r caeau mawr wrth ffrwd y nant yn segur gen i ym Mabelfyw Bach, ac mae croeso i chi symud eich carafannau i'r fan yna...

Mae'n warthus dishgwl i bobol fyw fel hyn yng nghanol clêr y dom!

Chwarae teg i chi am estyn gwahoddiad...

BWMP

Ephraim 'chan! Oes unrhyw beth wedi torri?

Oes — pishyn bach, ychydig fodfeddi...

Yr hen risiau marmor! Pryd ddiawl ma'r diogyn adeiladwr na'n mynd i ddod i'w trwsio nhw?

Mae'n fy sicrhau i y daw o, bob tro rwy'n ei ffonio fo, syr.

Reit, gwers fach i ti, Nestor, ar shwd i ddelio ag adeiladwr!

Helo, Mistar Bouhlin?... E? Gyda pwy ydw i'n siarad 'te?

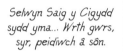

Selwyn Saig y Cigydd sydd yma... Wrth gwrs, syr, peidiwch â sôn.

CLAC

Helo? Ife Mistar Bouhlin sy'n siarad?

Iee... o iee, syr... Oodw, oodw, yn cofio'n iawn... Ond ma 'da fi domen o waith o mlaen i ar y funud, diflas... Chi'n eitha reit, gwaith peryglus 'ed... Pryd sy'n gyfleus i alw?... Wel, iee, cewn ni weld os daw pethe i ben, ym... Fory, fory, iee, peth cynta fory... Dyna fe, chi'n gwbod gallwch chi ddibynnu arno i, syr. Hwyl nawr 'te.

Ti'n gweld, Nestor? Ma eisie bod yn ddigon cadarn 'da'r bois 'ma. Bydd Bouhlin gyda ni y peth cynta bore fory.

Edmygaf eich ffydd, syr.

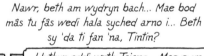

Nawr, beth am wydryn bach... Mae bod mâs tu fâs wedi hala syched arno i... Beth sy 'da ti fan 'na, Tintin?

Llythyr oddi wrth Tsiang... Mae e yn Llundain ar hyn o bryd, ac yn dweud helo wrth bawb.

Crwtyn bach ffein yw e...

Ie... Hei, wnewch chi byth ddyfalu pwy sy 'di anfon y llythyr arall... Bianca Castafiore!

Ha! Ha! Castafiore! Eos Milano, myn yffarn i!

AAAAAAA GWÊN... ♪♩♪

PLOTSH

... Gwêl, wydr, ♪ ♩♪ firain deg! ♩♩

Hei, chi'n clywed sŵn y tarfe?

A beth sy gyda'r greadures ddwyfol i'w ddweud yn ei llythyr?

Mae'r storom wedi cilio...

Bydd hi'n cyrraedd Mabelfyw Bach fory!

Castafiore?.. Fory??.. Fan hyn???.. Ti'n tynnu 'nghoes i...

Darllenwch e...

"F'annwyl fabon iach Tintin, uwchlaw cymylau amser... blablabla... dwy gyngerdd yn eich gwlad... blablabla... dianc rhag y paparazzi... blablabla... a gaf yn wylaidd wahodd fy hun, a gofyn i chwi a fydd lle yn y lety ym Mabelfyw Bach?.. blablabla... yn cyrraedd ar yr 17eg..."

Castafiore yn dod fan hyn?!.. Rhagluniaeth fawr y nef!..

Mae 'na ôl-nodyn bach i chi hefyd...

"Cofion serchus at y Capten Herciog."

Hadog yw'n enw i, nage Herciog, blwmin Bianca Castanets!

NESTOR!

Yma, syr!

Nestor, cer i bacio bag i fi ar unwaith... Rhaid ffoi o Mabelfyw Bach o fewn yr awr!

Yn iawn, syr...

Paid â gweud gair, Tintin. Mae'n bryd codi angor!

BWMP

O diar, yr hen ris yna, syr...

Mawredd mawr, Nestor, ôt ti'n gwbod fod y stepen wedi torri!.. Wi 'di blino'n lân yn gorfod dy atgoffa di o'r un peth bob whip-stitsh!

DONG

Mae'n ddrwg gen i, syr... Ym, mae cloch y drws wedi canu...

Fe ateba i'r drws tra bo ti'n pacio...

Trueni ei fod e'n mynd — mae hi wastad yn berfformans rhyngddo fe a Castafiore...

MRRAW

Telegram newydd gyrraedd i ti, Tintin... Falle fod Bianca Castanwydden wedi canslo...

Wel?

Ie, telegram oddi wrthi hi...

"Maddeuwch i mi gan na fyddaf yn dod..."

Dyma ragluniaeth!

HWRÊ!

!

Bois bach! A dyma fi heb ymbarel...

Hyfryd ddydd, Ephraim! Dyw hi ddim yn dod!

Glaw, nid ôd! A dim ond cawod fach ...

Ond...

Nestor!... 'Sdim eisie i ti bacio'r bag nawr! Fi'n aros fan hyn!...

Mae mwy i'r neges, Capten...

O... iawn, syr...

"Maddeuwch i mi gan na fyddaf yn dod ar yr 17eg, ond yn cyrraedd ar yr 16eg. Cofion tlws, Bianca."

BETH?!!

Cyrraedd ar yr 16eg?... Ond heddi yw'r 16eg!

Ie, Capten.

Pawb at y badau achub! Mae'r llong ar fin ei dryllio! Gwragedd a phlant yn gynta!

I ble'r ewch chi?

'Sdim tamed o ots 'da fi... Milan, falle, o leia bydd hi'n saff fan 'na tra bo Castafiore fan hyn! Fi mâs o ma, gwboi!

Ond...

Nestor!... Nestor!... Ti di cwpla pacio'r bag? Siapa dy stwmps!

BA DA BAM BWMP

?

Capten!...

Mawredd mawr y moroedd a Misus Moses, myn diain i!

Yffarn dân, y blwmin stepen gythrel!... Iyffach, aros di nes 'mod i'n gweld y tipyn adeiladwr pwdwr 'na...

Oes unrhyw beth wedi torri?

Nagôs, diolch i'r drefen, er gallen i fod wedi cael anaf yn rhwydd...

IAAW!

Eich pigwrn, Capten, eitha damej mae arna i ofon...

?

Bydd rhaid ei roi e mewn plastar fory...

Mewn plastar?... Ond diawch, dim ond troi ar fy mhigwrn... A wi'n gadael heddi ar drip i'r Eidal!

Dim gobeth o hynny, feri sori, mae eisie i chi orffwys â'ch trôd mewn plastar am bythefnos. Chi'n lwcus nethoch chi dim torri'ch côs!

Yr unig gyngor arall sy 'da fi yw i chi hastu a sorto'r stepen farmor 'na cyn i rywun arall gael damwen - falle na fyddan nhw mor lwcus â chi!

Diolch, Doctor...

Tamed bach mwy o lwc a bydd hi'n drychineb...

CŴCŴ!

!

Capten Boliog!... Hyfrydwch y tu hwnt i bob hyfrydedd yw cael eich cyfarfod eto!

Shwt... Pwy agorodd y drws i chi?

O accipicchia! Beth yw hyn? Pa beth a ddigwyddodd i chi?

Troi 'mhigwrn... Ond pwy agorodd y drws i chi?

Roedd yna ŵr bach crwn yn gadael wrth i ni gyrraedd, a doedd dim angen i ni ganu'r gloch... Ffabli, yntê!

"Ni"? Faint ohonoch chi sy 'te?

Dyma Irma fy morwyn, wrth gwrs, sy'n gwmpeini parhaol i mi...

A dyma fy nghyfeilydd, Igor Wagner, sydd hefyd yn gwmpeini yn ogystal â bod... Ha! Ha! Ha!... yn gyfeilydd i mi!

Gadewch i mi gyflwyno hen gyfeilydd... ym, hen gyfaill i ni, Signora... yr Athro Ephraim R... Efflwfia.

Yn wir yn wir, mae hyn yn ffabli! I gael cyfarfod â'r gwron a aeth i fyny mewn balŵn a mentro'n llythrennol i esgyn uwchlaw cymylau amser!

Fy anrhydedd i, signora, yw cael moesymgrymu yng ngŵydd un sy'n meddu ar y fath ddoniau, artist o ddisgleirdeb, eglurder a phurdeb cain...

Peidiwch, rwy'n gwrido!

A mawr obeithiaf hynny! Y mae Tintin wedi sôn droeon lu am eich darluniau... Arlunwaith manwl a harmoni eich defnydd unigryw o liw. Gwn, yn wir, fod eich portreadau yn weithiau trawiadol a hardd...

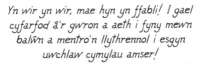

Nestor, wnei di ddangos stafelloedd y gwesteion i'r signora?

Wrth gwrs, syr.

Y fath groeso caredig! Ond yn gyntaf... Irma, ble mae'r... Wyddoch chi... Yr offrwm bach sydd gen i i'r Capten Hamoc annwyl...

Mae o yn y tacsi, madam...

Cefais syniad, Gapten annwyl... A chithau'n hen forwr, mae'n rhaid eich bod yn hiraethu yma ar dir llychlyd am fywyd hwyliog y cefnforoedd maith... il povero capitano!

Mae hynny'n garedig iawn, ond...

Rhywbeth bach i chi ei garu...

Dyma fo, madam.

... Cymar oes i chi, Capten, poli parot perffaith i eistedd ar ysgwydd yr hen fôr-leidr!

Ym... wel... ma hwn yn syrpreis, odi wir... Yr union beth... ym, yr union beth i godi nghalon a llenwi fy myd...

Rhagorol, yn wir!

Irma, rhowch y peth annwyl yma ar yr esgynbren!

Iawn, madam.

'Sdim byd gwaeth nag anifeiliaid sy'n siarad!

Maen nhw wedi dadlwytho'r bagiau. Dyma ni, Gino, fan hyn mae hi'n aros... Ati, gyfaill!

Cogo ydy hwn, enw annwyl ymhlith fy nghymrodyr... Aderyn cariadus ydy Cogo, ac mae o wedi ymserchu tuag atoch yn barod, Capten Bangkok...

Ffabli! Mi gewch chi ei fwytho fo... Mae o'n mwynhau cael ei fwytho, Capten.

FFALABALAMBALŴ...

Perffaith!... Mae o wrth ei fodd efo chi, yntydy?... Yn wir, mae gan greaduriad reddfau rhyfeddol... maen nhw'n medru adnabod cymar oes ar unwaith...

Gwedwch chi...

CRÔ!

AWWWW!

Beth yffach wyt ti'n meddwl ti'n neud, y ffowlyn yffarn!... Iyffach gols!... Bydda i'n dy flingo di'r cyfle cynta gaf i, y bashi-basŵc!

Helooo! Gad dy gleme!

Ond Capten Penglog, rhaid i chi gadw'r iaith yn weddus rhag i poli bach ddysgu geiriau drwg!... Rŵan, dewch i mi weld pen blaen eich bys...

CRÔ!

Welwch chi, bydd eich bys yn boenus am ychydig, ond dim byd difrifol... Irmaaa! Dewch â'r trugareddau cymorth cyntaf yma...

Dyma nhw, madam... A hwn hefyd...

Wrth gwrs, bron i mi anghofio! Tintin annwyl, offrwm bach i chi...

?

I'r dim!... Pilipilipala perffaith i esmwytho bys uwd yr hen forwr...

Alaw'r Eurged...

Diolch yn fawr i chi, signora, mae hyn yn garedig iawn...

Tewch â sôn! Meddwl oeddwn i y basa fo'n eich atgoffa o'r tro cynta i ni'n dau gyfarfod... Yn Syldafia, gofiwch chi?

Rwy'n cofio fel petai hi'n ddoe! A dyna'r tro cynta i mi eich clywed yn canu Alaw'r Eurged allan o "Faust" gan Gounod.

Dyna ni, Alaw'r Eurged...

Y PERDLYSAU! SONO PERDUTI!

Fan hyn, madam, mae blwch eich perdlysau'n ddiogel gen i.

O, mi gefais ddychryn... Diolch byth am hynny!

Rŵan, hogyn, wnewch chi ein tywys at ein hystafelloedd...

Wrth gwrs, madam.

Mentraf beidio tarfu arnoch, heblaw i ofyn hyn... Mae'n bur debyg y bydd gwasg y gwter yn twrio i ddod o hyd i mi yma yn fy encil clyd... Ond gwn y gallaf ddibynnu arnoch chi, Capten, i'm gwarchod rhag y gwehelyth... Dim un cyfweliad, dim un llun, dim cyhoeddusrwydd, dim! Deuthum yma i ffoi rhag y byd!

Ie, iawn, wrth gwrs...

Gwyliwch rhag y bedwaredd ris, signora, mae hi wedi torri.

Ydy, ydy, rwy'n gweld.

Eich ystafell, signora.

Ffabli!

Sbïwch ar y dodrefn moethus yma, a'r gwely pedwar-post... Yn dyddio o oes, ym... Siarlymaen, onid e?

Siarl y Cyntaf, signora.

Wel ia, dyna oeddwn i'n ei feddwl, wrth gwrs.

DONG

Os wnewch chi fy esgusodi, mae rhywun wrth y drws.

Cewch adael.

Pwy sy yno nawr?

O diar!.. Y ris...

Da iawn ti, Nestor... Pwyll ac hunanfeddiant!

Dyma'r ffôn i chi, Capten, yn rhwydd o fewn cyrraedd...

Diolch Tintin, ti werth y byd yn sgwâr...

Syr, mae'r llibart yn llawn... Llwyth cyfan o deithwyr, sipsiwn a phobol digartre!... Maen nhw'n dweud mai chi wnaeth eu gwahodd i wersylla yma ar ystâd Mabelfyw Bach!

Ie, fi wnaeth, Nestor. Wnei di fynd â nhw lawr at y cae mawr wrth ffrwd y nant?

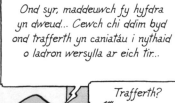

Ond syr, maddeuwch fy hyfdra yn dweud... Cewch chi ddim byd ond trafferth yn caniatáu i nythaid o ladron wersylla ar eich tir...

Trafferth?

Beth all fod yn waeth na'r trafferth rwy ynddo'n barod? Nawr, cer â nhw i'r cae mawr...

Ond syr... ym, wrth gwrs, fel y dymunwch.

Fe âf i â nhw i'r cae, Capten. Mae gan Nestor ddigon ar ei blât...

Diolch.

Ond i wahodd y Romani yma?

Os nad ydy o yn ei iawn bwyll, mae peryg iddo ddisgyn ar ei ben-ôl...

BWMP

Cocls Ceinewydd! Sawl gwaith sy eisie atgoffa pobol am y blwmin stepen?

TRRING

Helo? Ie, Capten Hadog sy'n siarad... Yr heddlu?

S'mae Capten! Dwi di derbyn adroddiad fod y sipsiwn fu'n gwersylla wrth y brif ffordd wedi symud... Ydy hi'n wir eich bod chi wedi'u gwahodd nhw i aros ar eich tir?

Odi odi, Mistar Arolygydd. Roedd hi'n warth o beth, yn fy marn annheilwng i, fod yn rhaid iddyn nhw wersylla wrth ymyl tomen afiach! A gan fod gen i un o'r caeau'n wag...

Helooo! Gad dy gleme!

Pardwn?... Beth ddwedoch chi?... Ym, wel, does dim "cleme" gen i, os ca i ddweud... Beth bynnag, mae eich gwahoddiad i'r sipsiwn yn un hael dros ben... Pardwn? "Cau dy geg" ddwedoch chi?

Na, nage chi, Mistar Arolygydd!... Siarad gyda'r blwmin parot yma ydw i! Cau dy ben, wnei di?...

Helooo! Gad dy gleme!

O, ym, iawn, yn siarad gyda'r parot... Nawr, y sipsiwn, eich dewis chi ydy eu gwahodd i aros ar eich tir, ond dylswn eich rhybuddio na fydd bai ar neb arall ond chi eich hun pan gewch chi drafferth gyda nhw...

Trafferth!... Doniol iawn... Cael fy nghnoi gan groten fach ar goll, a wedyn gan y parot... Troi ar fy mhigwrn... Castafiore yn disgyn o'r nefoedd gyda'i morwyn fach a'i chyfeilydd... A wedyn pawb yn dweud wrtha i am ochel rhag trafferth!... Ha-blwmin-ha!

Yn y cyfamser...

Dyna nhw wedi setlo yn y cae mawr...

Mae'n gas gen i'r gajos, yn smalio consyrn amdanan ni, ond yn eu calonna maen nhw'n ein casau ni...

Na, Abram, mae'r rhain yn wahanol.

GRRR! WOWOW! WOWOW! GRRR!

Be sy, Milyn? Wyt ti'n clywed gwynt rhywbeth?

WOWOW! WOWOW! GRRR! GRRR!

Milyn! Dere fan hyn, Milyn!

? WOWOW!

Arhoswch! Pwy ŷch chi?...

WOWOW!

Y bwlch yn y wal gerrig... Maen nhw'n dianc drwy'r bwlch!

Wowow!

BROMMM

Sŵn car...

Wowow!

!

Beth yw ystyr hyn oll, Milyn?... A beth ddylen i neud?... Wna i ddim sôn gair wrth y Capten eto, mae gydag e ddigon ar ei feddwl yn barod.

TRRRING

Helo?... Helo? Oes rhywun 'na?

?

Trrring! Trrring! Trrring!

BRRTCJMLRTS!

Y perdlysau! Sono perduti!

Mi wna i gloi'r perdlysau yn y fan yma, Irma...

... a chuddio'r goriad yn y jwg, dyna syniad da, yntê? Ceisiwch gofio ble dwi 'di guddio fo, Irma.

Iawn, madam.

Mae ein cyfeillion Romani yn y cae mawr, Capten, ac maen nhw'n hapus iawn gyda'u gwersyll newydd...

Falch i glywed 'ny.

Helooo! Gad dy gleme!

Ti'n clywed y twrci 'na, Tintin?... Halith e fi'n wallgo, fi'n gweud 'tho ti! Fi'n edrych mlaen at noson dda o gwsg er mwyn cael llonydd oddi wrtho fe...

Nos da!

Ac ym mro breuddwydion...

Â GWÊN A CHÂN EI CHEINEG...

HI-I-I-I-I!

Accipicchia!... Accipicchia!...

Beth ddigwyddodd?

Yn y fan yna... Yn f'ystafell, wrth y ffenest... Bwystfil erchyll!

Bwystfil?

Does dim byd yma, signora, dim byd o gwbl...

Ond mi a welais fwystfil... Ysbryd neu rywbeth... Cri dolurus, roedd o'n ofnadwy... A dwy lygad yn pefrio drwy'r tywyllwch fatha dwy...

Y PERDLYSAU! IRMAAA! SONO PERDUTi!

Maen nhw fan hyn, madam, yn ddiogel...

HW-HŴŴŴŴ

Nefoedd! Dyna fo eto!

Cri'r bwystfil, cri'r doluriau!... Gwrandewch!

Hwnna?... Ond sŵn un o adar y nos yw hwnna, cri'r dylluan!

Ydach chi'n sicr o hynny? Beth am sŵn y traed ar y nenfwd?

Ar y nenfwd?

Ie, mi a glywais sŵn traed, rhywun yn cerdded yn y llofft... Sŵn traed person...

Amhosib, signora, dim ond hen lofft wag sydd uwch eich pennau, byddai neb i fyny fan 'na.

Ond gallwn dyngu...

Does dim angen i chi fecso, signora, ewch chi nôl i gysgu... Caewch y ffenest, a bydd popeth yn iawn.

A gyda'r bore...

Bydd hi'n syniad i mi gael golwg y tu allan i ffenest Signora Castafiore.

Dyna'r ffenest...

Wel, wel, wel...

Ôl traed!... Yn union islaw'r ffenest... Falle ei bod hi wedi gweld rhywbeth...

Yr iorwg?...

Na, byddai'r iorwg ddim yn ddigon cryf i ddal oedolyn... Plentyn falle... Ond does dim awgrym fod unrhyw un wedi bod yn dringo yma, ac ôl traed oedolyn sy yn y pridd...

Ôl traed pwy, felly?... Rhywun o'r tŷ? Un o'r dynion wnes i redeg ar eu holau ddoe?.. Un o'r sipsiwn?

Dere, Milyn, fe awn ni am dro i gyfeiriad gwersyll y sipsiwn.

Os oes olion traed i'w canfod, cystal i ni edrych yn y llaid wrth y nant, yn y man ble fyddan nhw'n rhoi dŵr i'r ceffylau...

Na, dim byd tebyg i'r olion welson ni yn y border bach...

PLOP

?!

WOWOW! WOWOW!

Dere o 'ma, Milyn, fe wnawn ni adael i'n cyfaill doniol ddifyrru ei hun...

Dyna fo, ffwr â chdi'r sbrych... Ha!Ha! Tydw i'm yn hoffi sut mae o'n gwthio'i drwyn i fusnas pawb arall...

Felly dyna pwy oedd e... Abram, o wersyll y Romani... Ond pam wnaeth e daflu'r garreg i'r dŵr?

Faint callach ydyn ni erbyn hyn, Milyn?.. Reit, nôl i'r tŷ â ni...

Dyna'r meddyg, Doctor Hwfa, yn gadael - bydd e wedi gosod plastar am droed y Capten... Ond pwy sy'n berchen ar y car arall o flaen y tŷ?

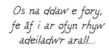

Llais pwy oedd hwnna'n gweiddi?

Wel, fy syniad i... Yn wir, fy ysbrydoliaeth i...

Hei! Chi draw fan 'na... Stopiwch!

Twpsyn! Oedd rhaid i ti gamu i ganol nyth cacwn?

Cofiwch mai gwyn yw lliw fy rhosyn newydd... A beth ydy'r gair Eidaleg am "gwyn"?

"Bianca", wrth gwrs!... Bianca! Odych chi'n deall, Capten?

Bianca! Ma' 'da fi fwy o ddiddordeb mewn gwbod pwy ôdd y ddou fachan ôdd yn straffaglu yn y dryslwyn!

Dyna ni, "Bianca", enw ein gwestai hyfryd... Felly, dyna'r enw ar fy rhosyn newydd, "Bianca Castafiore", er anrhydedd i'w hyfrydwch hi! Beth ddwedwch chi?

Y diawled bach, fentra i nage edmygu'r blode oedden nhw!

Ond rhaid i'r byd fod yn amyneddgar... Dim gair wrth neb, Capten, rwy'n erfyn arnoch. Rhaid i hyn fod yn syrpreis llwyr i bawb!

E?... Beth wedoch chi?... Syrpreis i bwy nawr?

'Co ni'n deall ein gilydd 'te... Fi'n gwbod y galla i ddibynnu arnoch chi... Ein cyfrinach ni'n dau yw hyn.

Pobol ddierth yn yr ardd... Be sy'n mynd mlaen?

Hwp! Pwy sy fan 'na?... O, iesgyrn, honna!...

IRMAAA!

?

IRMAAA!

Yma, madam.

Ble ydach chi, Irma?

Rwy'n dod, madam.

Mâs o 'ma!

Ydach chi wedi gweld Capten Ffedog? Mae'n rhaid i mi ddod o hyd iddo!

!

21

Os gwelwch chi'r Capten, dwedwch wrtho bod fy nghyfeillion o'r cylchgrawn Ocê! wedi gorffen eu cyfweliad, ac y byddan nhw'n falch iawn o'i gyfarfod o.

Yn iawn, madam.

O na! Maen nhw'n dod i'r cyfeiriad hyn, a 'sdim unman i fi ddianc!

Mae o'n medru bod ychydig yn hallt, wyddoch chi, sy'n gwbl naturiol ar ôl treulio bywyd ar y môr...

... ond, o dan yr wyneb, plentyn bach sy'n rhyfeddu ar y byd ydy'r hen Gapten!

Dyma fo! Yn cysgu'n dawel yng nghysgod y dail...

Chchch... Chchch...

Capten Pibog! Hogyn drwg, yn pendwmpian fan hyn yn y cysgod... Mi wnewch chi ddal annwyd!

E? Beth?... O, rhaid bo fi'n cysgu...

Dyma chi eich côt, rhag i chi fferru... Dewch rŵan, mae hi'n oer yn y cysgod!

Fi'n iawn, fenyw!

Rhaid i mi roi cerydd i chi am rywbeth arall hefyd... Tydi'r hen siwmper yna ddim yn addas i ddyn yn ei oed a'i amser!

Ond...

Un union fatha'ch gwallt!... Pryd fu crib yn agos ato ddwytha? Mae golwg di-raen arnach chi weithia, fatha hogyn ysgol!

Ond...

Ga i gyflwyno Jean-Loup de Lauvelijs a Tolino Penolla o gylchgrawn Ocê!

Sut hwyl!

Shwmae.

Dyna'r cyflwyniadau ffurfiol wedi'u gwneud, ac mi gewch rwydd hynt gen i rŵan i grwydro'r gerddi. Bydd y Capten Hebog a minnau yn eich disgwyl ar gyfer cinio.

Rŵan, f'annwyl Gapten, mae'n bryd i ni gael sgwrs...

Be wnei di o hynna, Tolino?

Yn union fatha chdi... Dyma'r sgŵp 'dan ni isho, ond rhaid i ni fod yn siŵr...

Os ydy o'n wir neu beidio, mi neith o werthu!

Fedra i weld llun y clawr blaen 'wan!

Sbïa, dyna'r garddwr... Ty'd, ella cawn ni wybodaeth gynno fo...

Reit!

Ond... Nid hen arddwr ydy hwn... Yr Athro Efflwfia ydy o, fo wnaeth hedfan i'r lleuad efo Tintin, mi fydd o'n gwybod y sgôr yn fa'ma...

Ffwr â ni 'ta!

Bore da, Athro Efflwfia! Jean-Loup de Lauvelijs a Tolino Penolla o gylchgrawn Ocê! ydan ni, dyma fy ngherdyn...

Hanes y blodyn?

Ydy'r wasg wedi cael gafael ar y stori'n barod? Wel, myn diain i, ôdd hi'n ormod i'r Capten gadw'i hen geg fawr ar gau, 'co fe wedi lapan wrth bawb!

Dwedwch wrtha i, Athro Efflwfia, i ba gyfeiriad mae'r gwynt yn chwythu efo Eos Milano a'r Capten Hadog? Ydw i'n iawn i ddeud fod yna briodas ar y gorwel?

Y Capten agorodd ei geg, ontefe!

Wel, ie a na... Wyddoch chi sut mae hi, ni fel gohebwyr sy'n dehongli'r ffeithia, ynte?... Mae o'n wir felly?

Wel yr argol ddiddig! Wedodd e 'na fydde fe'n yngan gair, syrpreis ôdd hyn i fod...

Dwi'n dallt... Ond am ba faint eto bydd rhaid i ni ddisgwyl?

Mae'n dibynnu ar y tywydd... Ond galle fe ddigwydd unrhyw ddiwrnod nawr.

Mor gyflym â hynny? Ers pryd maen nhw 'di bod yn ei drafod o 'lly?... Oes gynnoch chi ryw ddanteithion fedrwch chi eu rhannu efo ni?... Sut nathon nhw gyfarfod am y tro cyntaf?

Wel, dwy flynedd union yn ôl...

Fis Ebrill, yn sioe flodau'r Gymdeithas Arddwriaethol Frenhinol ym Mharc Biwt... Ond husht! Dyma Signora Castafiore yn dod gyda'r Capten. Dim gair am hyn!

Dallt!

Ym... Roedd yr Athro Efflwfia yn sôn am... ym... y rhosynnod godidog sy gynno fo...

Maen nhw'n fendigedig, yn union fel oeddwn i'n ddeud wrth Capten Barfog.

Yn y cyfamser...

Deall? Seraffin... Oriana... Sémiramis...

23

Cywir, yn union... Na, na, fe wna i eich ffonio chi... Dyna ni, tan yfory...

Wrth fy modd ymhlith y blodau! Dwi'n derbyn tusw ar ôl tusw yn gawod ddi-baid, ar ddiwedd pob cyngerdd, ond tydw i byth yn blino ar flodau!

Fonesig, gadewch i mi gynnig hwn yn offrwm i chi... Gwrid y Machlud... Hyd nes, ym, doriad gwawr arall... Ha! Ha!

Wel dyna garedig!

A clywch y perffaith bersawr!

Dewch, Capten... Onid yw'r arogl yn ddwyfol?

AIAW!

Yffarn dân, fenyw! Ma' picwnen wedi pigo 'nhrwyn i!...

Wel yr hogyn! Sut nathoch chi lwyddo gwneud hynny? A'r fath weiddi, yn tarfu ar yr heddwch... Gadewch i mi wneud pethau'n well... Tynnu'r pigiad yn gyntaf... Dyna ni, ac yna chwalu'r petalau a'u gosod ar y briw...

Ffabli! Mae'n gwella'n barod...

Rŵan, gyfeillion, rhaid i mi eich gadael i bincio a gwisgo ar gyfer cinio... Ciao!

Trala laaa ♪♫♪

Os mai chwilio am Capten Ffagot ydach chi, mi ddowch o hyd iddo yn yr ardd flodau... Druan bach, gwenynen wedi pigo fo ar ei drwyn...

O?

Pigad ar ei drwyn? Druan â'r Capten, gall hynny fod yn beth poenus iawn.

E PERDUTO! FY MWCLIS! !

IRMA-A-A!
IRMA-A-A!

Yma, madam!

O, dyna chi... Rhywbeth ofnadwy, dwi newydd dorri fy mwclis!

Peidiwch chi â phoeni, fe ddown ni o hyd i'r darnau...

A dyma chithau o'r diwedd! Dwi 'di bod yn eich galw ers oriau, eneth, i ddod yma a chasglu tlysau fy mwclis!

Rwy'n eithriadol ddiolchgar i chi, Tintin... Nid rhyw fwclis drudfawr mo hon, cofiwch, dim mwy na rhyw drugareddyn... Ond mae'n dod o siop perdlysau Tŷ Ffani... A Tŷ Ffani ydy Tŷ Ffani, fel y gwyddoch o'r gorau!

Wrth gwrs...

Nawr 'te, trwyn y Capten...

Nid 'mod i'n grac gyda chi o gwbwl, Capten, ond pam nethoch chi ddweud wrthyn nhw am fy rhosyn?

Eich rhosyn?

Diawl eriôd! Oes rhaid mynd mlân am eich rhosyn? Iyffach, diolch i un o'ch rhosynnod yn cael ei hwpo lan fy nhrwyn, ma' 'da fi drwyn sy nawr yn debycach i ffrwyth gor-aeddfed ar fin ffrwydro!

Na, na, rhosyn gwyn!

Esgusodwch fi, madam, ond welsoch chi fy siswrn gwnïo?.. Yr un bach aur, wyddoch chi.

Pam fyddwn i wedi'i weld o? Nid fi sydd fod gofalu am eich pethau chi.

Wel na, madam, rwy'n deall hynny... Ond roedd o gen i'n gynharach pan wnaethoch chi fy ngalw, a phan wnes i fynd yn ôl at ble roeddwn i'n eistedd, fedrwn i mo'i weld yn unman.

Ewch i edrych eto, eneth... Pwy yn ei iawn bwyll fyddai wedi dwyn eich siswrn?

Iawn, madam...

Yn y cyfamser...

Siswrn bach aur, dewyrth Abram... Maen e'n un pert...

Pert iawn!

Darllena hwn, a gwed os odyw e'n neud unrhyw sens i ti... A ma'r hen ffwlbryn Tudclyd newydd fod ar y ffôn i longyfarch...

O?

"Llongyfarchion gwresog, oddi wrth Capten Caio"...

'Sdim synnwyr i'r peth, oes e?!

BETH?

BROL

OCÊ!

SGŴP!

EOS MILANO
BIANCA CASTAFIORE
I BRIODI MORLO
Â HALEN YN EI WAED

Yn sioe'r Gymdeithas Arddwriaethol Frenhinol, rhwng y lliw a'r llus a'r llwyni, y cyfarfu Bianca Castafiore â'i darpar ŵr, ei dewis ddyn, y cyn-Lyngesydd Hafoc. Aeth ein gohebwyr i erddi Mabelfyw Bach er mwyn rhannu gyda chwi ddarllenwyr, mewn gair a llun, gwynfyd dau rhwng y gwyddfid.

CARIAD DAU YN EU BLODAU...

Llatai'r cariadon fu Cogo'r parot.

"... Wedi unigedd llwyr blynyddoedd yn morio'r cefnforoedd, llais euraidd hon a'i ddenodd yn ôl i'r tir mawr tan ganu pêr nodau Alaw'r Eurged allan o 'Faust'..."!!???!!

Pwy gythrel sgrifennodd shwd lwyth o ga...! Aros nes 'mod i'n dod o hyd i'r diawl er mwyn ei dagu fe, myn yffach i, bydd ei fywyd e ddim gwerth byw!

Helooo! Gad dy gleme!

CROA

Helo?.. ie... Telewele?.. Daliwch ymlaen, os gwelwch yn dda...

Cwmni teledu, syr... Maen nhw'n gofyn os...

Teledu?!

Na, na, na! Does dim croeso iddyn nhw fan hyn - smo fi'n mynd i berfformo o flaen y camerâu i unrhyw gwmni teledu!

Ond syr...

'Sdim "ond" ynddi, Nestor... Fi 'di cael llond bola o sylw'r blwmin wasg a'r cyfrynge yn tarfu ar heddwch Mabelfyw Bach!

Ond syr, maen nhw wedi ffonio i siarad gyda Signora Castafiore...

Efo fi? Wel, yr hogyn, pam na fysach chi wedi dweud hynny'n gynt?

Helooo!.. Dyma fi, ffabli... Telewele?.. Byddwn, siŵr iawn, wrth fy modd... Fysach chi'n hoffi dod yma yfory?.. Hyfrydol! Rwy'n edrych ymlaen yn arw at gael eich cyfarfod!

Dyna ddiflas, yntê?.. Ond sut fedrwn i wrthod? Mi fyddan nhw yma efo holl griw Telewele brynhawn yfory.

Dim ond rhywun fan hyn fydde wedi datgelu'r holl fanylion yma i'r cyfryngau... Ond pwy?

SEINDORF MABELFYW

Aubade, cân serch y bore! Godidog, yntê?

I'r fonesig a'r Capten...

Tewch!

Ond...

Ar ran Cymdeithas Cefnogwyr Seindorf Mabelfyw, fy mraint yw cyflwyno i chi barchus gyfarchion a llongyfarchion lu ein holl aelodau ar adeg dathlu cyhoeddi'r newydd mawr...

... sy'n cyflymu deigryn y galon ac yn dod â churiad i'r llygad...

Rhaid i chi gynnig gwydryn o siampaen iddyn nhw...

Siampaen? Byth, chi'n clywed?... Byth!

Sawl gwydryn wedyn...

Drannoeth, y prynhawn...

Maddeuwch i ni ein bod ychydig yn hwyr yn cyrraedd, signora, ond roedd tagfa ofnadwy ar y ffordd allan o'r dre... Wedyn fe aethon ni ar goll, ac wedyn fe dorrodd y lori i lawr...

O, peidiwch chi â phoeni!

Dyma ni, y goresgyniad, myn yffach i...

Wps, sori...

Reit, mae'r criw teledu yno... Hwn fydd dy gyfle, Gino... i mewn â ti, cymysga yn eu plith, a gwna dy waith!

Fe wna i aros yn y car, ganllath i lawr y lôn...

Iawn, mi wna i fynd amdani, ie?

Iawn hyd yn hyn...

Defnyddia'r lamp yma i lif-oleuo'r nenfwd...

Does dim byd cymhleth... Mi fyddwn ni'n gwneud telerecordiad, ac yn rhoi'r cyfan hefyd ar ffilm...

Wela i, wela i... Dewch, mi fydd hi'n haws i ni barhau'r sgwrs wrth eistedd.

Gwych, nawr 'te... Fe wna i ddweud ychydig eiriau yn gyflwyniad i'r camera ar ddechrau'r cyfweliad. Yna, unwaith i mi ofyn y cwestiwn cyntaf, bydd y camera yn troi i ganolbwyntio arnoch chi... Dim ond clywed fy llais bydd y gwylwyr wedi hynny.

Iawn.

Ar ddiwedd y cyfweliad, fe wna i ofyn os wnewch chi fod mor garedig â chanu cân yn arbennig i'r gwylwyr...

Wrth gwrs, byddai hynny'n bleser.

Diolch i chi. Iawn, ar gyfer y gân, fe wnawn ni eich ffilmio yn cerdded yn araf draw at y piano - bydd eich cyfeilydd yno'n barod - a byddwch yn canu... Ym, beth fyddwch chi am ei ganu?

Canu?... Wel, a fyddai Alaw'r Eurged allan o "Faust" yn addas?

Perffaith! Ac ar ôl y gân, fe wna i ddweud ychydig eiriau o ddiolch, a dyna fydd diwedd y ffilmio.

I'r dim!

Rŷn ni'n barod, Pol... Beth amdanat ti?

Ychydig funudau i fynd drwy'r lefelau sain, a byddwn ni'n barod i gychwyn.

Codwch y meicroffon, mae e i'w weld yn y llun...

Esgusodwch fi, madam... Lefel y golau...

Dewch i ni gadarnhau fod popeth yn iawn... Tawelwch bawb... Sain?

Llun yn iawn....

Noswaith dda, gyfeillion. Mae rhaglen heno yn un arbennig iawn wrth i ni ymweld â'r gantores enwog Bianca Castafiore... Ydy'r lefelau'n iawn, Pol?

Mae'r lefelau'n berffaith i mi!

Sain yn iawn!

Gwych. A gair neu ddau gan Signora Castafiore os gwelwch yn dda...

Fy nhro i, ie?.. Gair neu ddau?.. Wel, beth fedra i ddweud?... Rwy wrth fy modd, wrth gwrs, yn hapus iawn... Ffabli! Ffabli!... Ha! Ha!

Sain yn iawn!

Gwych... awn ni amdani 'te... tawelwch ar y llawr...

Ffilm yn troi...

Bwrdd... wedyn ciw...

Yn sefydlog...

CLAC

Noswaith dda, gyfeillion. Mae rhaglen heno yn un arbennig iawn wrth i ni ymweld â'r gantores enwog Bianca Castafiore, o La Scala, yr hon sy'n cael ei hadnabod ledled y byd fel Eos Milano...

Wel, Signora Castafiore, a gaf i fod mor hy â gofyn pam eich bod wedi dewis dod yma i aros ym Mabelfyw Bach?

Yn syml iawn, roeddwn i wedi llwyr ymlâdd yn dilyn fy nhaith flinderus ond llwyddiannus i India'r Gorllewin, a gwyddwn y byddai'r Capten Trwynog a'i gyfeillion...

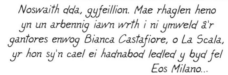

... yn rhoi croeso o'r gorau i mi ddod yma i aros ymhell o ddwndwr y byd.

Hei! Ers pryd ŷch chi wedi cael teledu? Shgwlwch, chi 'di prynu tair set deledu ar un waith, heb hyd yn oed yngan gair wrtha i!

Husht!

Wŵŵ! Drychwch... Signora Castafiore!... Ie, hi yw hi, 'sdim dwywaith... Jiw jiw, ma' rhaid i rywun ddweud wrthi ei bod hi ar y teledu!

Wel, wel, wel... Rhaid iddi ddod i weld, bydd hi wrth ei bodd!

Athro, arhoswch, peidiwch ag agor y drws!...

OOOCH

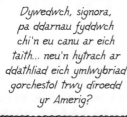

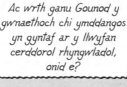

Dewch, bawb, mae'n mynd yn hwyr...

Sain yn iawn!

Diolch... Barod? A ciw!

Â GWÊN A CHÂN EI CHEINEG...

GWÊL, WYDR, FIRAIN DEG! AI TI WYT,

LÂN FERERID?

Miwn â ti!

GAD DY GLEME!

Haerllugrwydd! Pwy feiddia darfu ar hyn?

Digon!

Accipicchia!... Cogo bach sydd yma!... Mae o wedi disgyn oddi ar ei esgynbren!

Hen bethau doeth yw creaduriaid y maes, yn cael eu denu'n reddfol tuag at gain gelfyddyd... A dyma Cogo annwyl, yn clywed fy mheraidd gân!... Ond tyrd gyda mi, Cogo bach, yn ôl at yr esgynbren. Wnewch chi fy esgusodi am ddau funud, gyfeillion?

O, dyna chi, Capten Falog... Dychmygwch, Cogo bach yn disgyn o'i frig ac yn crwydro'r tŷ, ar cyfan er mwyn cael dod i wrando arna i'n canu!

Eee?... ŵŵŵ, ie, da iawn.

Yn y cyfamser...

Amdani eto, felly... Tawelwch ar y llawr... Ciw!

Â GWÊN A CHÂN EI CHEINEG, GWÊL, WYDR, FIRAIN...

DEG!?

Ble aeth y golau?

Reit, dwi 'di cael llond bol!

Ffiws 'di chwythu, ie?

Sgin rhywun dân?

HELP!

Y PERDLYSAU! SONO PERDUTI!

Gofalus!

IRMAAA! Y PERDLYSAU!

Ydy fy mherdlysau'n ddiogel?

Un funud, madam!

Aros gyda fi, Milyn, rhag i rywun sefyll ar dy ben di...

WOWOW!...

HIP!

HWP!

WOW WOW!

Y PERDLYSAU! Y PERDLYSAU!

Hei, dyw hi ddim yn syniad da rhedeg rownd yn y tywyllwch... Hei, i ble wyt ti'n mynd?

Ploc Ploc Ploc Ploc

CLAC

Sŵn drws y ffrynt!... Dere gyda fi, Milyn!

WOWOW!

Rhywun yn rhedeg i ffwrdd ar ben pella'r llibart... Mam fach! Y ffotograffydd yw e!

Rhy hwyr i fynd ar ei ôl e nawr...

WOWOW! WOWOW!

AAAA!

AAAA!

AAAA!

Dyna'r golau nôl eto...

Beth ddigwyddodd, Nestor?

Ffiws wedi chwythu, Mistar Tintin.

Yn y cyfamser...

Bydd y bos yn falch efo hyn!

Madam! O, Madam!

BWMP

Yffarn dân! Y stepen 'na 'to!

Eich per... eich per... Eich perdlysau cain...

Ie, Irrmaaa?

Eich per... Madam, eich per... Eich perdlysau!

Dwedwch, eneth, er mwyn y nefoedd!

Wedi diflannu, madam!... Y cyfan wedi diflannu!... Bŵ-Hŵ-Hŵ-Hŵ!

HI-I-I-I-I!...

AAAAAA!

AAAAAA!

Help!

AAAAA! ?

Dewch â hi at y soffa!

Mae 'na un arall wedi llewygu fan hyn!

Gwell ffonio'r heddlu ar unwaith.

Rhaid ei deffro hi rywsut!

Dyma sioe!

Mi wyddwn o'r gorau y byddai hyn yn digwydd! Mi wyddwn!

Cystal i chi gael gwybod... Fe wnaeth eich ffotograffydd ffoi o'r tŷ yn y tywyllwch... Fe redodd e o 'ma nerth ei draed.

Pwy?.. Ein ffotograffydd ni?.. Ond doedd gan y ffotograffydd ddim byd i wneud gyda ni.

Rôn i'n meddwl mai aelod o'r criw oedd e...

A rôn i'n meddwl mai ffotograffydd preifat i Signora Castafiore oedd e...

Helo. Heddlu Mabelfyw sy fan 'na?.. Capten Hado... Beth?

Y rhif anghywir, Capten. Selwyn Saig y Cigydd sy fan hyn... Does dim angen ymddiheuro, syr...

Helo. Heddlu Mabelfyw sy fan 'na?.. Da iawn... Reit, Capten Hadog sy fan hyn.

Noswaith dda, Sarjant... Fedrwch chi anfon rhai o'ch dynion yma ar unwaith... Lladrad difrifol ym Mabelfyw Bach... E?.. Cyd-ddigwyddiad?..

Be chi'n feddwl, cyd-ddigwyddiad?.. Pwy? Maen nhw ar eu ffordd fan hyn yn barod?.. Ond beth ôn nhw'n... Iawn, iawn, olreit, fe wna i aros iddyn nhw gyrraedd... Noswaith dda, Sarjant.

Picls Porthcawl! Beth yn y byd ôdd y ddau ddwlbyn 'na yn neud yng ngorsaf heddlu Mabelfyw?

Felly'r ffotograffydd oedd wrthi... Mae hynny'n od, yn od iawn...

Hmm, dyw'r wep 'na ddim yn argoeli'n dda...

'Co ti fan hyn, Tintin... Clyw, dwyt ti byth yn mynd i ddyfalu pwy sy ar fin dod i ymweld â ni...

Pwy?

BOANG GLING DING BING-GLING BLING CLING

? !?

Helooo! Gad dy gleme!

Parry-Williams a Williams-Parry, fentra i!

Shwd nest ti ddyfalu?

!

Druan â chi'ch dau!.. Beth ddigwyddodd?

O... ym... ia... Rhaid 'mod i chydig yn hwyr efo 'nhroed ar yr brêc...

Hynny ydy, dwi'm yn credu i ti roi dy droed ar y brêc o gwbl!

Sneb wedi cael niwed, gobeithio...

Na, 'dan ni'n dau yn ffit fatha ffidil! Tra bo gynnon ni'n hetia ar ein penna, fedar dim byd ein taflu oddi ar ein hechal... Ond mi rydan ni yma heno ar orchwyl bwysig... 'Dan ni wedi cael ein hanfon yma i warchod eich gwestai, Signora Castafiore, hyhi a'i thlysau hardd...

Wela i.

Wel llongyfarchiade! Amseru perffeth unwaith 'to!... Mae'n flin 'da fi weu'tho chi, bois bach, ond 'sdim iws codi paish ar ôl pi...

Sut ydach chi, Capten?

Codi pais?... Codi het fyddwn ni'n gneud o ran cwrteisi...

Na, na... Yr hyn mae'r Capten yn ei feddwl yw eich bod chi'n rhy hwyr – mae rhywun newydd ddwyn perdlysau Signora Castafiore.

Beth?

Pwy?

Dyna'r dirgelwch... Dewch chi'ch dau i mewn i'r tŷ, ac fe gawn ni drafod y cyfan yn gall.

Ac ymhen dim...

Dyna'r ffeithiau i chi... Mae'r dystiolaeth yn awgrymu'n gryf mai'r ffotograffydd sy'n euog, ond eto...

Ond eto be?... Mae'r cliwiau i gyd yno... Ail berson yn diffodd y trydan...

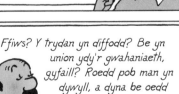

Nid cael ei ddiffodd wnaeth y trydan – roedd ffiws wedi chwythu...

Ffiws? Y trydan yn diffodd? Be yn union ydy'r gwahaniaeth, gyfaill? Roedd pob man yn dywyll, a dyna be oedd bwriad y lleidr.

Falle wir, Ond doedd gydag e ddim syniad pryd oedd y ffiws yn debygol o chwythu... Cyd-ddigwyddiad pur oedd hynny...

Hmm!

Ia wir, hmm!

Wel, gan fod yr atebion i gyd gynnoch chi, ella fedrwch chi atab un cwestiwn bach arall...

37

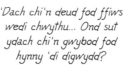

'Dach chi'n deud fod ffiws wedi chwythu... Ond sut ydach chi'n gwybod fod hynny 'di digwydd?

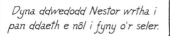

Dyna ddwedodd Nestor wrtha i pan ddaeth e nôl i fyny o'r seler.

Nestor... y bwtler, y gwas bach... Aha!

Aha!

Nestor, fu'n was bach unwaith i'r ddau ddihiryn yna, y Brodyr Lhuyten... Cliw arall!

Sneb mwy gonest na Nestor yn y byd i gyd! Cwilydd arnoch chi'n towlu amheuaeth arno fe!

Fe wyddoch chi'n iawn fod yr holl dystiolaeth yn yr achos llys yn erbyn y ddau yna wedi profi nad oedd Nestor yn gwybod dim am droseddau'r Brodyr Lhuyten. Beth bynnag...

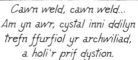

Cawn weld, cawn weld... Am yn awr, cystal inni ddilyn trefn ffurfiol yr archwiliad, a holi'r prif dystion.

Iawn, dilynwch fi.

Gwyliwch geriach y criw teledu ym mhobman...

Ia...

Ia...

Dyma Parry-Williams a Williams-Parry...

Neb i adael y fan hon!

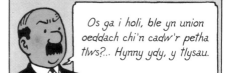

Dyma Signora Castafiore, fe wnaeth hi lewygu...

Braint ac anrhydedd yw cael cyfarfod ag Eos Milano...

Signora!

Gyfeillion...

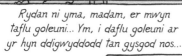

Rydan ni yma, madam, er mwyn taflu goleuni... Ym, i daflu goleuni ar yr hyn ddigwyddodd tan gysgod nos...

Ia wir, i daflu cysgod...

Ymlaen â chi...

Os ga i holi, ble yn union oeddach chi'n cadw'r petha tlws?... Hynny ydy, y tlysau.

Madam, os bydd rhaid troedio hyd bedwar ban byd, mi ddown ni o hyd i'ch petha tlws, dyna ein polisi... A sôn am bolisi, dwi'n cymryd fod gynnoch chi yswiriant ar eu cyfar nhw?

Nac oes, er mawr ofid i mi...

Roedd Mistar Trwmped wedi addo trefnu'r cyfan...

Roedden nhw wedi'u cloi i ffwrdd yn fy ystafell wely... O drugaredd! Y perdlysau hardd!

Trefniant i'r trwmped?... Beth yw hyn? Rhyw ffurf ar gynllwyn?

Na, na, gyfeillion... Mistar Trwmped, yfo sy'n cynrychioli'r cwmni yswiriant...

O, mae hynny'n iawn felly, neu...

Fel arall...

Felly roedd y petha tlws dan glo, i fyny'r grisia... A ble oedd goriad y clo?

Y blwch?.. Be 'di'r blwch 'dach chi'n sôn amdano, madam?

Blwch y perdlysau, wrth gwrs, yr un wnes i...

Mi wnes i roi'r goriad mewn jwg... Ac mi gymris i'r goriad allan o'r jwg yn gynharach heddiw pan roeddwn i am agor y blwch er mwyn syllu a gwirioni ar fy mherdlysau...

Ond... Mamma mia!... Ond nawr dwi'n cofio!

Mi ddois i eistedd yn fa'ma...

? !

Welwch chi!... Welwch chi!... Yn union fel ddudis i!

Sbiwch! Y perdlysau! Onid ydynt yn hardd? Dewch i mi eu cyfri... Ydyn, mae pob un yno... O! Mi fedrwn wylo dagrau o lawenydd!

Sut fedrwn i fod wedi bod mor ffôl? Dyma fi'n dŵad â'r blwch i lawr y grisiau pan gyrhaeddodd y criw teledu... Os nad oeddwn i'n ffôl, roeddwn i wedi ffoli!... Difyr, yntê? Glywsoch chi am y fath helynt erioed, gyfeillion?

Difyr, madam?... Helynt, madam?... Rydan ni'n ofni ein bod wedi gwastraffu gormod o amser, madam!... Nos da!

Ia wir, rydan ni'n wastraff amser!

Ond beth sydd o'i le?.. O diar, pa beth a wneuthum?... Pam fod y ddau gyfaill mor flin?

Dyma'ch hetiau... A gwyliwch y geriach!

Mi fedrwn ofalu amdanan ni'n hunin yn iawn, Tintin!... 'Dan ni 'di deud o'r blaen, nid hogia bach ydan ni!

BANG CLING !! !! ?

Wedes i wrthoch chi i wylio'r geriach!

Nathon ni weld geriach, do, ond ddudoch chi ddim am y weiars!

Dau beth hollol wahanol!

A dyna ddatrys helynt perdlysau Castafiore... Er, wnaethon ni ddim datrys dirgelwch y ffotograffydd.

Ond heblaw am 'ny, adferwyd yr heddwch...

Â GWÊN A ♪ ♫ CHÂN EI CHEINEG, ♪ ♪ GWÊL, ♪ ♫ WYDR, FIRAIN DEG!

Odych chi'n siŵr o hynny, Capten?

Rwy'n mynd i fynd â Milyn am dro ac awyr iach... Fe fyddwn ni nôl cyn hir.

Wel, mwynhewch eich hunen tra 'mod i'n eistedd yn y bwlch!

WOW! WOW!

Mae hi'n noson berffaith...

?

Sŵn... ie, sŵn gitâr... rhaid mai sŵn y Romani...

Mae'r gerddoriaeth yn hudolus, Milyn...

Dere, gwell i ni droi nôl...

Gwranda ar y llonyddwch, Milyn... Does dim i'w glywed, ddim hyd yn oed sisial yr awel drwy'r dail...

HW-HŴŴ

WOWOW!

Y diwedd!

Wel, cyfarchion y dydd i chi! Drychwch beth ffeindies i ar y llawr... Rhyfedd, ontefe? Cylchgrawn â llun hyfryd ohonoch chi ar y clawr... Drychwch!

Mi wn, Athro Fflwfflyd! Mi wn... A does dim byd "hyfryd" amdano chwaith!

Chi'n mynd ar daith? Odi'r parot yn mynd gyda chi?

Wel, ma' golwg hapus ar y parot, ta beth! Ond...

Hei, ma' mwy mewn tu fewn... Dewch i ni weld beth sy 'da rhain i ddweud...

Dewch yma, Hector!

Dyma'ch syniad chi o ymateb yn brydlon, ie? Faint sydd ers i gloch y drws ganu, hmm? Ydach chi'n credu fy mod i yma er mwyn ateb y drws yn eich lle chi?

Dyma'r dudalen...

Ond...

Shgwlwch, fenyw fach, 'co fe fan hyn... ie, hon yw'r dudalen...

?

⁉

Chwel...?!

Ond bydden i wedi tyngu...

Gyda threigl amser...

Ymarfer! Ymarfer! Ymarfer!

...ac ymhen y rhawg...

Ymarfer! Ymarfer!

Y PERDLYSAU! SONO PERDUTi!

'Co ni off 'to... Ffaelu ffeindio'r jinglarins...

⁉

LLOFRUDD!

Ond clywch!

Ie, ie... Paid poeni, fe ddeith hi o hyd iddyn nhw mewn munud.

YR EMRALLT!

BWMP

Rhywun wedi disgyn ar y grisiau eto!

?

Ac os mai ymddiswyddo wnaiff Irma o ganlyniad i'r fath haerllugrwydd ar eich rhan chi, a fyddwch chi'n medru dod o hyd i forwyn newydd i mi? Ac a fyddwch chi'n talu'r cyflog uwch y bydd morwyn newydd yn ei fynnu? Clywch hyn, dwi'n disgwyl i chi ymddiheuro'n ddi-amod i'r eneth ar unwaith...

... neu mi wna i ffarwelio â'r lle yma'n ddiymdroi. Rhaid i mi hysbysu'r Capten Oriog!

Chi'n gweld? Tua'r de...

Rŵan... Ble'r oeddan ni?

'Smoi'n cyhuddo unrhyw un 'chwel, ond ma'r pendil yn bendant yn gwyro i gyfeiriad y gwersyll.

Gwersyll? Am be 'dach chi'n sôn rŵan?

Na, na, cyn i chi fynd gam ymhellach... Sipsiwn ŷn nhw, o wir dras a diwylliant y Romani.

Wnewch chi ddim coelio hyn, ond mae'r hen Efflwfia di mynd 'chydig yn dŵ-lal... Mae o'n sôn byth a hefyd am rhyw wersyll sipsiwn...

Wel ie ie... Ma' sipsiwn Romani wedi gwersylla ar y stâd.

O, felly wir?... Ond pam na fysach chi 'di deud cyn hyn?... Mi fysan ni di medru arbed yr holl ffwdan yma a chlirio'r mater reit ar y cychwyn!

Ond mae hynny'n beth gwbwl annheg i'w ddweud...

Annheg? Coeliwch chi fi, ma'r ffasiwn bobol wrthi byth a hefyd yn lladrata bob cyfle! Does dim amser i'w golli, rhaid i ni fynd i'r gwersyll ar unwaith!

Wel, iawn, ond 'sda chi ddim hawl amau'r Romani am ddim rheswm o gwbwl, heblaw mai sipsiwn ŷn nhw...

Synnwn i ddim na fyddan nhw wedi codi pac a'i hel hi o 'ma, rŵan fod gynnon nhw be oeddan nhw isho...

Arhoswch chi...

Ble maen nhw 'lly?

O!

Wel?

Maen nhw wedi gadael... Ond fe weles i nhw fan hyn neithiwr!

Yn union fel ddudis i, maen nhw wedi'i heglu hi.

Ond fyddan nhw heb fynd yn bell.

Neges i bob cerbyd patrôl... Mae angen stopio'r sipsiwn Romani sydd wedi gadael ardal Mabelfyw ar hyd ffordd Trechwech yn ystod yr oriau dwetha...

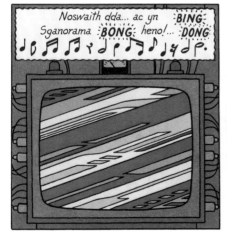

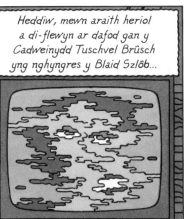

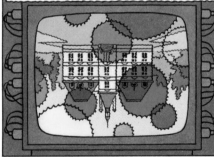

Yn gyntaf, nathon ni ddod o hyd i siswrn bach aur fu'n eiddo i Irma, morwyn ffyddlon Signora Castafiore, ac yn un o'r carafannau...

... mi nathon ni ddarganfod ffwnci'n mwndro... ym, hynny ydy, mwnci'n ffwndro... yn amlwg felly, byddai'n rhaid fod y sawl wnaeth ddringo i fyny at ffenest Signora Castafiore er mwyn dwyn yr emrallt yn unigolyn chwim ac ysgafn... A dyma ni wedi dod o hyd i'r un nath wneud – sef y mwnci!

Gwadu'r cyfan wnaeth y mwnci a'r sipsiwn, wrth gwrs, deud mai "darganfod" y siswrn wnaeth y ferch fach, ac nad oedd y mwnci wedi bod allan o'i gawell ers dyddiau maith...

Dyna i chi'r ymchwiliad hyd yn hyn – cadwch y cyfan dan eich het, mae 'na ddwylo a thrwyna blewog ym mhobman... Felly rŵan, i ddod o hyd i'r emrallt drudfawr...

Mater bach fydd hynny i ddau dditectif o'ch profiad helaeth chi, rwy'n sicr... Diolch i chi am rannu hynt yr ymchwiliad a rhoi darlun clir i ni...

Nawr, wrth droi ein golygon at bwnc arall sydd wedi taro'r penawdau yn ddiweddar...

O na, myn diain i, dim rhagor!

Digon ydy digon! Mae fy llygaid yn diferu...

Dim mwy!

'Smo fe'n gwbwl berffeth 'to, fel ŷch chi'n gallu gweld, ond...

Ma'n llyged i'n fflwff i gyd!

Rwy'n gweld chwech o bopeth!

Fi hefyd!

Y bore canlynol...

Druan â'r sipsiwn Romani... Rwy'n siŵr nad ŷn nhw'n euog... Byddai hyd yn oed mwnci wedi gadael ei ôl wrth ddringo at y ffenest, ond doedd dim byd i'w weld... Beth felly?

O, drycha, Milyn... Mistar Wagner ar ei ffordd i'r pentre, ar gefn hen feic Nestor...

Rhaid ei fod e wedi cael caniatâd i adael y piano... Felly dyma'n cyfle ni...

Cyfle i ymlacio yn y tŷ, Milyn, heb orfod gwrando ar yr un hen diwn gron!

?

Gaf i roi help llaw i chi, Mistar Wagner?

Na, mae'n iawn, diolch...

Su... Su... Sut ddaethoch chi i mewn?

Yr un ffordd â chi, Mistar Wagner... Mi gewch chi roi'r ysgol i lawr.

Ie... Ym, yr unig gyfle am ychydig o ymarfer corff... Syniad da, rwy'n siŵr y cytunwch.

Syniad da iawn... a'r recordiad ohonoch chi'n ymarfer ar y piano.

O ie, hwnna... Clywch, ydych chi'n fodlon peidio yngan gair am hynny wrth Signora Castafiore? Roedd rhaid i mi ddyfeisio ffordd o gael awyr iach bob hyn a hyn... Fel y gwyddoch, mae hi'n mynnu fy mod wrth y piano o fore gwyn tan nos, ac...

Awyr iach? Awyr iach y pentre, a bod yn fanwl gywir...

Sut?... Wel, os gwyddoch chi gymaint â hynny, cystal i mi gyfaddef popeth...

Irmaaa! O, diar mî... Ydych chi wedi gweld Irma?

Diawcs! Anghofies i gloi'r drws!

Irma? Naddo, signora...

Bid a fo... Ond... Mistar Wagner, ydych chi'n esgeuluso eich sgêls?

Fy sg-sg-sgêls, si-si-signora?...

Mae Mistar Wagner wrthi'n ddiwyd, fel y clywch chi, signora.

Wrth gwrs!... Maen nhw'n llifo'n hyfryd... Maddeuwch i mi!

Sut fedrwn i fod mor ffôl...

Diolch... Ond pam fy arbed rhag ei natur?

Er mwyn ei hel hi o 'ma... Nawr, ewch i eistedd wrth y piano, a dwedwch y cyfan wrtha i.

Iawn, iawn, y cyfan... Y ceffylau, dyna'r drwg... Fedra i ddim peidio gamblo, hapchwarae, ar y ceffylau... Ac rwy'n mynd i'r pentre feunydd er mwyn gosod bet dros y ffôn...

Hmm!

Felly wir? Ond yma oeddech chi pan gollwyd emrallt Signora Castafiore... Pan wnaeth rhywun syrthio i lawr y grisiau... Chi wnaeth syrthio ar y grisiau, ontefe?

Ie, fi wnaeth syrthio...

Roeddwn i wedi bod i fyny yn yr hen lofft, ac wrth i mi ddod nôl lawr dyma waedd Signora Castafiore yn bonllefain... Roedd yn rhaid i mi ruthro i fod nôl wrth y piano, a dyna pryd wnes i syrthio ar y grisiau...

Beth wnaeth eich denu i'r hen lofft?

Wel, wedi sawl digwyddiad gyda'r hwyr, credais fy mod wedi clywed sŵn rhywun yn cerdded o gwmpas yno, yn union fel y cafodd Signora Castafiore ei dychryn ar ein noson gyntaf yma. Dyma fi wedyn yn penderfynu mentro i fyny'n hun...

Pam ddim gofyn i un ohonon ni?

Doeddwn i ddim am edrych fel ffŵl, rhag ofn nad oedd dim byd yno... A dyna fu, doedd dim byd yno.

Un cwestiwn ola, Mistar Wagner. Y bore wedi'r noson gynta honno, roedd ôl traed rhywun ar y border bach islaw ffenest Signora Castafiore...

Iesgyrn Dafydd! Ma' rhai pobol yn lico siarad!

Mae hynny'n ddigon posib... Yn dilyn digwyddiadau'r noson gynt, mi wnes i fentro i weld a fyddai rhywun wedi gallu dringo'r eiddew.

Da iawn... Does dim angen mwy o esboniad arna i.

Na, nage Wagner sy'n gyfrifol am ddiflaniad yr emrallt... Rwy'n credu ei fod e'n dweud y gwir... Ond rwy'n dal ymhell o ddatrys y dirgelwch...

Reit, noson yn yr hen lofft i ni heno, rhaid dilyn pob trywydd... Dere, Milyn!

O'r diwedd!

Wrth iddi nosi...

Husht!

Hei, Tintin, odyn ni'n mynd i orfod aros fan hyn yn hir?

Husht, Milyn... Clyw!

Llygoden! Dim mwy na hynny — ti moyn i fi fynd ar ei hôl hi?

Husht!

Drycha, Milyn, draw fan 'na... Tylluan!... Mae'n rhaid ei bod hi'n clwydo fan hyn...

POC POC POC POC

Dyna'r "bwystfil" sy'n trigo yn yr hen lofft... A rhaid mai dyna gododd fraw ar Signora Castafiore wrth i'r dylluan syllu i mewn drwy ei ffenest hi!

HW-HWŴŴŴ

Dere, fe allwn ni fynd nawr, Milyn, does dim mwy i'w weld.

Cam gwag unwaith eto...

Wel, Capten! Rŷch chi ar eich traed yn holliach!

Odw, gwboi! Ma'r doctor newydd fod 'ma i dynnu'r plastar...

Synnet ti shwd deimlad braf yw hi i fod yn sefyll ar ddwy droed unwaith eto!

Peidiwch pwyso ar y...

... gadair olwyn!

Ta-ta tan toc, Doctor Hwfa!

A gwynt teg ar ôl, ym...
yr hen gadair olwyn!...

Plentyn bach!

Dewch, gwydryn i setlo'r nerfau...

Daeth amser i ffarwelio...

Hwyl fawr i chi, signora... Siwrne dda!

Diolch i chi unwaith eto, Capten Clymog, am eich croeso hael... Galar i mi yw ymadael fel hyn ond, ar fy llw, mi ddof yn ôl atoch!

'Sdim dwywaith 'da fi y gwnewch chi...

Cofiwch am yr emrallt... sniff... Rhowch wybod i mi yr eiliad y bydd unrhyw newyddion...

Wrth gwrs, chi fydd y cynta i gael gwbod, garantîd...

Fonesig, moesymgrymaf ger eich bron ac ymbil arnoch i dderbyn tusw rhosynnod... Y cyntaf o'u lliw, amrywiaeth newydd o'r ardd flodau yma... Rhosyn y bu gennyf yr hyfdra i roi arno eich enw dilychwin chi — "Bianca"!

Ffabli!

Maen nhw'n berffaith, ffabli yn wir, clywch y persawr tlws, Capten Peniog!

Dim diolch!

Athro Efflwfia, gadewch i mi roi cusan i chi!

SWS

Ac yn awr, rhaid i mi hedfan!

Oes, oes, ma' rhaid i chi fynd...

Arrivederci! Gofalwch am Cogo!

Peidiwch chi â phoeni!

Pladur trwy wenith yr enaid...

Dewch nôl cyn hir!

Y PERDLYSAU! SONO PERDUTI!

Syr! Syr!... Mae Signora Castafiore wedi anghofio hwn!

Ei pherlau mân!

Diolch i chi, Hector!... Mi wna i anfon llun wedi'i lofnodi'n arbennig i chi.

A'r tro 'ma, maen nhw wedi mynd ffor gwd!... Ma'r cyfan ar ben, dim mwy o sgêls rownd y rîl... Atsain pell fydd "Y perdlysau! Sono perduti!"...

Y PERDLYSAU! SONO PERDUTi!

!

Ti, y cythrel bach haerllug! Os nag wyt ti moyn cael dy flingo, fi'n awgrymu bo ti'n cau dy ben!

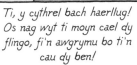

CRO!

PICLS PORTHCAWL A CHOCLS CEINEWYDD! MAWREDD Y MOROEDD MYN YFFARN I!

Ac ymhen tridiau...

Iee... iee... iee, fi'n gwbod... Nage'n fai i yw e... Wel, nage, nage'ch bai chi yw e chwaith... iee... trip blynyddol bois y band prês, chwel, a wedyn ges i dwtsh o'r ffliw, a... Pryd? Fory? Arna i ofon fod fory mâs o'r cwestiwn, dechre wthnos nesa falle...

Arhoswch chi nes 'mod i'n cael gafel arnoch chi, Mistar Bouhlin bach!

CLAC

Tamed o amynedd, 'na beth sy eisie ar rai pobol... Pobun wastad ar hast, ond ar hast i ble? Ar hast i'r arch, fi'n gweu'tho ti.

Eitha reit, Densil, eitha reit...

Welsoch chi'r adolygiad yn y papur, Capten? Mae'n sôn am...

Signora Casablanca, do, weles i...

Adolygiad

HIRAETH CALON CÂN YR EOS

Rhagoriaeth... rhagorol... a rhagor! yw bonllef y gwybodusion. Neithiwr yn nhŷ opera La Scala, canodd y ddwyfol Gastafiore'n iach i gyfandir cyfan cyn troi tua'r Amerig. Os carodd cynulleidfa un gantores erioed, yna Castafiore oedd hyhi yn wyneb ffrewyll y dorf a'i pherfformiad o *La Gazza Ladra* gan Rossini.

Dro ar ôl tro, camodd Castafiore eto i'r llwyfan i floedd y gynulleidfa. Bravo! Bravissimo! Ond ym mha le mae'r meddyg i'r galon fach a dorrwyd yn ddwy gan ddiflaniad yr harddaf o'i holl berdlysau?

A welir eto emrallt gwyrdd Castafiore? Parhau mae ymchwil yr heddlu yn ardal Mabelfyw er mwyn ceisio ateb sawl cwestiwn dyrys. Ai mwnci oedd y lleidr wnaeth ddwyn y wyrddem ddisglair a fu'n anrheg i Castafiore gan Maharaja Gopal? Nid yw'r heddlu yn barod i gadarnhau na gwadu hyn ond, tra pery amheuaeth ynghylch sipsiwn lleol, mae'r emrallt hefyd yn dal ar goll.

W

Mev
ychy
new
can
on
eti
lle
da
m
u
wys
nas
am

Syniad hurt oedd dychmygu y byddai modd dysgu mwnci neu unrhyw greadur arall i wybod yn union pa un o dlysau Signora Castafiore oedd yr un i'w ddwyn!

Newydd fod yn siarad â mwnci arall ar y ffôn... Mistar Bouhlin!

Ond... ond... Mam fach! Wrth gwrs! Pam ddim?!...

Pam ddim beth?

Ble wyt ti'n mynd nawr? Beth yn y byd...?

Dwy funud! Dwy funud!

Wowow! Wowow!

Pa chwilen sy gydag e yn ei ben y tro hyn?

Gwedwch, Capten, oes 'da chi neges fyddech chi am i fi hala at Signora Castafiore?

Neges at Castafiore?... Oddi wrtha i?...

Nage, nage... Neges!... Anghofies i sôn 'mod i'n gadael heddi ar daith i Milan i arddangos y Telefflwfia i'r Gyngres Ddarlledu Ryngwladol yno... Ac yn naturiol, bydd cyfle'n siŵr o ddod i dalu gwrogaeth i Signora Castafiore...

O, reit, wel gwedwch beth bynnag chi moyn wrthi, ond peidiwch a'i gwahodd hi nôl i Mabelfyw Bach ar unrhyw gyfri, myn diain i!

Wel dyna garedig — fi'n siŵr y bydd hi'n gwerthfawrogi'ch gwahoddiad yn fawr iawn...

Capten! Capten!

Beth nawr? Odi'r tŷ ar dân?

Oes 'na goediwr yn byw gerllaw?

Coediwr? Wel, ma' Dafydd Saer yn y pentre... Pam ti'n gofyn?

Da iawn... Cyn i fi anghofio, ffoniwch Parry-Williams a Williams-Parry... Dwedwch wrthyn nhw i ddod yn ddi-oed er mwyn datrys dirgelwch yr emrallt!

Yr emrallt?... Ond...

Fe wna i esbonio nes mlaen... Cofiwch eu ffonio nhw!

Gwranda, Tintin...

Ymhen hanner awr...

'Dan ni di dod yma fel ffafr i chi a Tintin, cofiwch... Hynny ydy, mor bell ag yr ydan ni yn y cwestiwn, toes 'na ddim byd pellach fedar Tintin ei ychwanegu i'r ymchwiliad – 'dan ni'n gwbl argyhoeddiedig erbyn hyn mai'r sipsiwn oedd yn gyfrifol am y lladrad, efo chymorth y mwnci, wrth gwrs...

Yn glir fel haul ar bôst, yntê Parry Bach!

Yn wir, yn bur fel tail ar dôst, dyna ydw i'n ei ddeud!

Yr unig gymorth fedar Tintin ei roid 'wan ydy i ddeud 'than ni ble mae'r emrallt wedi'i guddiad...

Ac os wnewch chi ddod gyda mi, gyfeillion, fe wna i hynny ar fy union!

Ti?   Na!   Ia!

Tintin, wyt ti wedi ffeindio ble nath y Romani guddio'r emrallt?

Does gan y Romani ddim i'w wneud â diflaniad yr emrallt!

Edrychwch i fyny... Dyna ble gewch chi'r ateb i'r dirgelwch mawr!

Ble?

I fyny ble?

I fyny ble, Tintin?

Lan fan 'na, ym mrigau'r boplysen!

Dim ond hen nyth aderyn sy lan ar dop y golfen!

Ddim unrhyw hen nyth... Ond nyth pioden, Capten!

Be ti'n awgrymu?...

Fi'n awgrymu mai pioden wnaeth ddwyn yr emrallt, Capten... Mae'r cyfan mor glir nawr!

Ond mawredd mawr 'chan! Wyt ti 'di cael benthyg tacle Dafydd Saer er mwyn dringo lan at y nyth?

Ydw, Capten!

Er mwyn y nefoedd, bydd yn ofalus...

Iawn!

HÊ-Ê-EC!

Nefi, Tintin... gan bwyll!

'Sdim eisie becso...

CRAC

Gwyliwch! Hen gangen farw yn syrthio!

CRAC

Dim niwed i neb fan hyn! Beth amdanot ti? Oes unrhyw beth lan fan 'na?

Wel oes! Dyma wniadur bach Irma...

... a'r emrallt hefyd! Dyma fe, emrallt Signora Castafiore!

Marblis, darnau bach o wydr... Dim byd arall... Reit, rwy'n dod lawr!

Hê-ê-êc!

Lleidr!

Tintin, rwyt ti'n athrylith, byti boi!... Ond beth ar y ddaear wnaeth i ti feddwl am y bioden?

Ydych chi'n cofio enw'r opera wnaeth yr adolygiad yn y papur sôn amdano?

Odw, ym, wel... Pizza neu rhwbeth tebyg, ife?...

"La Gazza Ladra"... hynny yw, "Y Lleidr Bioden"... Y bioden sy'n dwyn cyllyll a ffyrc Lleucu yn opera Rossini!

Ac fe gofies i fod piod yn nythu o gwmpas Mabelfyw Bach... Ond ymhle?... Dyma edrych felly yn agos i'r man lle daeth y ferch fach Eldorai o hyd i'r siswrn – rhaid ei fod e wedi syrthio o guddfan y lleidr... Ac wrth edrych i fyny, dyna ni, nyth y bioden! A'r sipsiwn Romani yn gwbl ddieuog!

Tipical, ynte? Pan 'dan ni'n llwyddo datrys dirgelwch a darganfod pwy sy'n euog o'r drygioni, mae'n troi allan eu bod nhw'n ddieuog! Rhaid i mi ddeud 'mod i wedi siomi ynddyn nhw...

Mi allsan nhw fod wedi'n helpu ni allan, toeddan ni'm yn gofyn lot!

Ta waeth, diolch i ni, mi rydan ni wedi darganfod yr emrallt. Dim ond ei ddychwelyd yn ddiogel i ddwylo Signora Castafiore...

Wel, ma'r hen Ephraim ar fin gadael ar daith i Milan... Beth am adael iddo fe fynd â'r emrallt nôl gydag e?

Dim ffiars o beryg! Ein dyletswydd ni'n dau, a neb arall, ydy gwarantu cludiant diogel i'r emrallt yn ôl i Milan!

'Na fe 'te, hwdwch yr emrallt!

Rwy'n eithriadol o falch fod hyn wedi clirio enw'r Romani – does gan neb reswm i'w hamau nhw nawr.

Mae o'n ryfeddod, yntydy?

Yn wir, 'swn i'n deud...

? ? OW!

Beth ŷch chi'n neud?

O ia... ym, dim panic... yr emrallt... mi nath o syrthio i'r glaswellt... ac mae'r glaswellt yn wyrdd...

Ia, y gwyrddlas wellt...

O gwych! Bendi-blwmin-gedig! Dau glown fuoch chi eriôd!

Ond mae damweinia'n digwydd...

Wowow! Wowow! 'Co hi, y belen fach werdd!

Byddwch yn fwy gofalus y tro yma...

Ychydig ffydd!

Ac ar dro...

Hwyl a haul, gyfeillion! Hwyl a haul!... Oes 'da chi neges funed ola i Signora Castafiore?

Oes, Ephraim!

Newyddion gwych! Gwedwch wrthi fod neb llai na Tintin wedi ffeindio'r emrallt!

Peidwch chi â becso, weda i ddim shwd beth.

Ond wedes i fod Tintin wedi ffeindio'r emrallt... YR EM-RALLT! Y PER-DLYS-AU!

Na, ddim o gwbl, nelen i ddim byd o'r fath... mater o egwyddor... cofiwch ddweud y cyfan wrth yr awdurdode! Hwyl i chi nawr 'te...

Peidiwch â chynhyrfu, Capten... Mae popeth yn iawn, wir i chi... Fe anfonwn ni delegram at Signora Castafiore...

Fe wna i estyn eich gwahoddiad caredig hefyd!

Wel ia yntê, mae'n bryd i ninna'i throi hi, a pharatoi am y daith i gludo'r emrallt yn ddiogel i Milan... Dyna fo, hwyl i chi 'wan, Capten!

Da bo am y tro...

Ia wir, a diolch i chi eto, Tintin, am geisio helpu efo'r ymchwiliad...

Ydy o gin ti, yr emrallt?

Na! Mae o gin ti!

Esgusoda fi, ond gin ti oedd o!

Naci ddim, wir dduw!

Drannoeth...

Wâc fach hyfryd! "Dwys, ym mharadwys y Mai y rhodiaf"!

Dyma chi o'r diwedd! Drychwch ar hyn!

O na, Tintin!... Paid â gweud 'tho fi fod Castafiore wedi dod nôl!